JN439149

꿈꾸는 정원

홍성자 시집

계간문예

꿈꾸는 정원

| 시인의 말 |

미소 공주

언제 보아도 항상 웃는 모습이라며
사람들이 지어준 이름이 미소 공주이다

생활 속에서 일어나는 어려움을
미소로 극복하며, 미소와 함께
시로 승화시켜 보려는 의지

공주로 불리는 마음속에 어느 하루인들
흔들리지 않은 적 있었으랴
그렇게 흔들리며 피워낸 미소
한 번 공주는 영원한 공주라며
다독이며 불러주는 이름
삶 속에서 미소 공주라는 말을 듣는 것이
싫지만은 않다

나는 행복한 미소 공주다

2020년 6월

| 권두시 |

꽃 마음처럼

오는 시간
가는 시간
생긴 모양 빛깔 향기도 제각각이다

어느 곳에 뿌리내리든
의연함을 잃지 않는 모습
피고 지는 유한의 생
두려워하지 않는다

말없이 제 갈 길로 돌아서는
겸손의 모습
지상에 기쁨만 선사하고
빈 마음으로 돌아서는 아름다움
내 삶의 여정도 꽃 마음이고 싶다

2020년 6월

■ 차례

제1부 꿈꾸는 정원

제2부 나는 꽃이다

제3부 4월의 향기

제4부 풀잎에 여문 사랑

제5부 비 오는 날의 수채화

제1부

꿈꾸는 정원

꿈꾸는 정원

꿈꾸는 정원에 사랑이 익어갑니다

진실 속에 피어난 밝은 꽃이 인사하고
길 잃은 철새들이 모여들어 안식을 꿈꾸는 곳
사랑의 샘이 있어 목마르지 않고
사계의 희망이 있어 행복한 곳입니다

불만의 꽃은 금방 시들어 버리고
거짓의 꽃은 자신의 줄기를
상처 내며 갉아 버리고
미움의 꽃은 온기가 모자라
싹이 자라지 못해
꿈꾸는 정원에 초대받지 못합니다

오로지 사랑으로 싹 틔운 꽃이라야
탐스럽게 피어나고
마음 안에 지펴보는 작은 불씨 하나
꿈꾸는 정원에 사랑이 익어갑니다

귀향

어머니 숨결이 흐르는
내 고향 들녘으로 돌아가리라

세파에 지친 마음 곱게 다듬어
쪽빛 물결 넘실대는 넓은 강가
별빛이 흐르는 고향의 언덕으로
나 이제 돌아가리라

부엉이 소리를 들으며
모여 살던 정 많은 오두막집
검은 고무신 신고 청보리 밟으며
노래를 부르던 옛 친구들
고향의 쉼터로 돌아가리라

고구마 한 소쿠리 동치미 한 그릇에
세상 부러울 것 없던 그 시절
옛이야기가 묻어 있는 내 고향 뜰 안으로
작은 숲속 오솔길을 따라
나 이제 돌아가리라

가족

작은 관심 속에
커지는 사랑
함께 있다는 이유만으로
위안이 되는 것
그것만으로도 충분하지 아니한가!

누가 먼저랄 것도 없이
챙겨주는 작은 행동
그곳에 기쁨이 있지 아니한가!

가족이라는 이름만으로도
눈물겹도록 고맙고
가슴 따스해지는 사랑

서로 존중하고
지켜봐 주고
기다려주는 넉넉함이 있어
행복하지 아니한가!

어머니

말없이 고개 숙인
침묵의 세월
수액처럼
뼈마디를 채우시고

애지중지 조바심 태운 사랑
밤새는 줄 모르고
무사안일 기원하며
잔기침에 고난을 잠재운다

비바람에 헝클어진 머리
실 가닥처럼 삭아져
형체 없이 침전되지만
사랑 안고 뒹군 세월은
마르지 않는 강물이다

나의 바다는 어머니다

아버지의 등지게

아버지는 어스름한 새벽
빈 지게 위에 호미 삼태기
연장을 얹어 짊어지고 일터로 나가
들 일에 파묻혀 끼니도 제 때 못 드시고
온종일 일과 씨름하셨다

고만고만한 자식들 헐벗지 않게 하려고
좀 더 잘 가르치려고 구슬땀 흘리시며
무던히도 참아내신 고난의 세월
어두운 밤, 달빛을 밟으며
지게보다 높게 채워진 짐을 짊어지셨다

그때는 철없이 응석 부리고 뛰노는 것밖에 몰라
팔에 매달리고 무릎에 앉아
귀찮게 하는 자식들에게
그저 웃기만 하셨던 아버지

아버지의 등지게는 쉴 사이 없이
양식과 희망을 나르던 생의 끈이었다

그대 사랑 안에 머물게 하소서

천사의 날개도
꿈의 달콤함도
사랑의 향기도
그대 없이는 빛나지 않으리니
나 언제나
그대 사랑 안에 머물게 하소서

기도하는 영혼의 몸짓으로
따스함이 살아 숨 쉬는 가슴으로
고요히, 고요히
그대 사랑 안에 머물게 하소서

한옥마을

고풍스러운 모습에
미덕을 겸비한
선조의 숨결이 있고
나눔이 있어 풍요롭다

사시사철 대문 열어 환대하니
오가는 발길에 문턱은 닳아도
촌장님의 넉넉한 인심에
해지는 줄 모른다

감미로운 음악에 차 한 잔의 여유
심상이 녹아드니
켜켜이 익어가는 정
웃음꽃 만발하니 행복의 장이 된다

그리움

빛의 속도 따라 움직이던
계절의 민감한 반응 앞에서도
절대 변하지 않은 넉넉함이 있다

몇 번이고 맴돌아도
지치지 않던 좁다란 골목길에
잊히지 않은 메아리가 앉아 있다

건조한 들판을 적시던 웃음소리
현실의 벽을 허물고 나와
황폐해진 가슴에 풍요로 안겨
애틋한 마음이 고개를 든다

자화상

두 팔 벌려 맘껏 품을 수 있는 하늘은
언제나 누릴 수 있는 무상의 기쁨이다

아낌없는 찬사로
지지대가 되어준 넉넉한 대지의 품은
딛고 일어설 무상의 버팀목이다

주어진 삶을 향해 끊임없이 고군분투하며
애태우던 날들도 순환의 여울목 따라 지나간다

또 새롭게 단장하고 맞이한
희망의 날들을
감사함으로 채워가는 생의 찬가
따뜻한 정을 잃지 않는 겸허한 삶이다

홀로서기

어둠의 터널에 쭈그리고 앉아
잃어버린 자아를 찾고 있다

어깨 너머로 보이는 뒤틀어진 삶
욕망을 향한 시선
빠르게 흡수해 버리는 얇은 귀
분별없이 담아내는 입술
변화무쌍한 시간 속에
이해와 타협을 배운다

갈등에 갇힌 초점 잃은 의식들
어둠을 뚫고
맑은 차림으로
선을 보이는 순간이다

가치 있고 의미 있게
삶의 질을 높이려
성장통을 앓고 있다

살아있다는 것은

살아있다는 것은
서로 마주하며
나눠가는 기쁨이다

살아있다는 것은
날마다 고르게 퍼져 나가는
햇살 같은 고운 정감이다

살아있다는 것은
고난 속에서도
희망을 빚어낼 줄 아는
아량과 지혜로운 행동이다

살아있다는 것은
자신의 모든 것을 희생하며
나눌 수 있는
가치 있는 사랑이다

새장에 갇힌 새 한 마리의 여유

하루의 시작과 끝을 매듭져야 할
숨 가쁜 공간의 장벽 속에서
바깥세상으로 향한 동경이 시작된다

맘껏 호흡하고
맘껏 꽃 피울 수 있는
허락된 공간의 미디어
오아시스에서 파프리카를 얻은 기쁨이다

삶에 활력이 되고
풍요로움이 되는
소중한 존재에 감사한다

날고 싶은 본능의 나침판 위에
찾아든 교감의 통로
이제 비행 준비를 하지 않아도 좋다

사랑의 길

감사할 줄 모르던
인간의 허영에
교만의 바벨탑은 무너지고

틈새로 찾아든 빛은
짙은 휘장을 몰아내고
사랑의 길로 인도한다

언어의 집

소용돌이에 갇힌
언어의 살갗들
무책임하게 던져버린 언어들이
주인을 잃고 방황한다

독기 품은 혓바닥에 앉아
비아냥거리는 상처 난
찢긴 언어를 주워 담아
수술대에 올린다

앙상한 뼈에 침묵의 살을 붙이고
사랑의 입김을 불어
화해의 기쁨으로
언어의 집을 단장한다

믿음으로 지붕을 엮고
사랑의 울타리 세우고
평화의 문을 만들면
칭찬의 소리 손잡고 문지방 넘어온다

고독의 시간

꿈이 질까
사랑이 떠나갈까
날개 안에 감춰버린 마음
바람에 나부끼는 여린 꽃잎처럼
이리저리 나부끼며 서성이네

소리 없이 흐르는 마음 안에
사랑이 목마르고
따스한 정이 그리워
슬픔으로 홀로 앉아있네

내 머물 곳 어디인가
허전한 마음에 안개처럼 쌓인 그리움
외로움이 날개 되어 가엾이 퍼득이네

쓸쓸히 이어온 시간 안에
침묵으로 가리어진 마음들
사랑 안에 고여 있는 고독이 빛 찾아 헤매고
까맣게 타버린 가슴만이 애달피 울고 있네

인연의 여정

소나무의 푸른 독백처럼
곧은 신념으로 닦아가는
돌고 돌아가는 유한의 생이다

공수래공수거의
욕심 없는 삶 속에
발길 닿는 소중한 인연이다

바람에 흔들리던
갈등의 언덕에도
꽃이 피고 지듯
모든 것은 찰나
인연의 고리 속에
나눠가는 삶도 길지 않다

가슴 텅 비워 놓고
유유자적 발자취 따라
아름답게 엮어가는 인연의 여정이다

제2부

나는 꽃이다

나는 꽃이다

먼 길 언덕 넘어
길모퉁이까지
스미는 사랑의 꽃

열정을 다해
영혼을 노래하는
싱그러운 꽃

스스로
가치 창조를 위해
삶을 소중히 꽃피워 가는
존귀한 꽃

나는 꽃이다

산나리꽃

맑게 빗어 올린
정갈한 의식처럼

기다림의 동경은
해가 기우는 줄 모르고
푸른 시공을 넘나든다

홀로 사뿐히 건네는
만연한 눈빛 따라

다가서는 발자국마다
산 그림자 길게 앉아 있다

목련

하늘을 올려 보는 것도 잠시
내려앉으라 한다

그녀의 소박한 독백은
긴 여운을 주었고

그녀의 행보는 짧았으나
생의 소중한 의미를 심어주었다

꽃등

여명을 딛고 일어선
햇살의 수런거림에
환희로 뒤덮인 세상

산마루마다
천연의 빛깔 낭랑하다

부유하던 시간 위에
맑게 호명된 이름
한길 소나무
짙푸르게 열린다

한껏 부풀어 오른 꽃잎
세상 향해 별빛 모은다

해바라기

알알이 영글어
터져 버릴 것 같은 사랑

바라만 보다
까맣게 타버린 마음

그리움으로도
넘지 못할 산

햇빛 바라기 수줍어
고개 숙인다

복수초

광활한 영토에
정령을 몰고 와

사랑 드리운
에녹의 그림자

추위 사르며
품어낸 혼, 불

빛을 창조하는
겨울 파수꾼이다

메밀꽃

어디에서도 만날 수 없던 순수
무심히 넘나드는 세월의 무게에
찌들지 않은 변함없는 의지

불멸의 밤도 잊은 채
존재의 소중함을 일으켜 세우고
지평선 가득 품어 올린 꿈

은하수 내려와 놀다간 자리
잔잔한 여운으로
마음 밝히고 서 있다

동백꽃

세월의 소용돌이
휘말리지 않고
따스하게 피운 불꽃 같은 삶이구나

단 한 번 마주친 눈빛
걷어내지 못하고
짙어진 그리움에 기대앉아
먼 산 놀음에 홍조가 되었구나

수없이 비켜간
멍울진 아픔보다
간절했던 기다림은
푸르게 자라나고
세파에 그을린 마음만 붉어지는구나

능소화

오랜 누각에 걸터앉은 남루한 바람의 기척에
그대 아닐까 반색하며 옷매무새 가다듬는다

해맑은 얼굴로 올려다보는 부질없는 생
애처롭게 내려다보는 달빛은
침묵 속에 피워낸 꽃송이마다
붉게 서린 그대 향한 그리움에 젖는다

목만 길게 빼고 서서 그 자리를 지켜내던
사랑으로 건져 올린 꽃대
긴긴 밤 별빛 마주하며
그대 기다리다 피워낸 존귀한 사랑이다

수선화

여린 꽃망울에 앉은
한 점 이슬에
목마름을 채우던 간절함
그윽한 향기에
물속을 들여다 본다

자신을 허물어 버린 채
시간의 여울목 따라 흐르는
행복에 도취한다

속내를 알 수 없는 바람에도
소신을 지키며 피워낸
사랑의 향기가 오롯하다

옥잠화

고단한 삶에 나지막이 흘러
위안이 되는 향기로
미소한 것까지
담아낼 줄 아는 겸허를 깨닫는다

굴곡진 생애 마다치 않고
고운 향기 전하는 결곡의 심성
낯선 바람마저 보듬어간다

하늘 향한 축조된 사랑
겸손으로 물드는
은은한 속삭임에 미소 짓는다

담쟁이넝쿨

작은 공간을 디딤돌 삼아
희망을 옮겨가는 소리

어긋난 시간에도
서로의 허물을 끌어안고
호흡을 맞추며
삶을 꾸려가는 의지

내딛는 발걸음에 햇살이 고인다

절망의 순간마저
내 것으로 여기며
고난을 극복한 지혜의 푸른 잎들

영혼의 속살을 채우며
삶의 고갯길을 오른다

꽃 진 자리

그토록 황홀했던 날들도
한순간 물거품처럼
사그라지고

곱게 채색되던
봄꽃 향기도
먼 길 그리움으로
돌아누운 시간

세월 사르다
내려앉은 자리

그마저
허락지 않은
바람에 내주고
별빛 따라나선 길

좀 작살나무

두 마디 겨드랑이 마다
알알이 보랏빛 사랑
가지를 붙잡고 늘어진다

일정한 간격 속에
서로의 눈이 되고
가슴이 되어

삶을 지탱하는 버팀목으로
먼 길을 마주한다

새롭게 열린 세상을 향해
한아름 미소로 잉태한다

시간 위에 핀 꽃

오랜 세월 고개 한 번 들지 못하고
익숙해 저버린 생의 굴레
존재감마저 드러내지 않고
말없이 산다하여
아픔이 없는 것은 아니다

긍정의 유연함으로
숨을 몰아쉬며 다독이다 쉬어갈 뿐
예고 없는 태풍이 몰아치면
세상 끝자리까지 떠돌다
제자리로 돌아오기까지
얼마나 많은 시간과 인내가 필요한가

제 몸만큼의 그늘을 만들어
일궈가야 할 사랑의 터전
제 몫의 분량으로 남겨있다

높아지려는 욕망을 잠재우고
숨소리조차 기꺼워
내색 없이 주저앉은 자리

햇살 가득 고여 드는
변함없는 진리 속에
정감 어린 이름으로
하나뿐인 생의 꽃을 피운다

발아의 꿈

채 가시지 않은 아픔
동토에 갇혀 울먹일 때

햇살은 미련조차 없이
두꺼운 옷섶을 풀어 헤칠 때

동여매 놓았던 상처마다
다시 뛰는 맥박
아픔을 딛고 일어설 때

공간마다 파란 언어로 물들
찬란한 발아를 꿈꾸며
새로운 문턱에 서 있다

제 3 부

4월의 향기

4월의 향기

겨울 둔덕을 말끔히 비어내
미온의 체온으로 가득 채운다

햇살의 자양분 깊숙이 빨아들여
꽃봉오리를 모으더니
다투어 피워내는 향기
잔 나뭇가지 끝으로
봄 열어 채우는 새들의 청아함

마음 가득 여물어가는
삶의 재충전에
사월의 향기가 퍼져나간다

봄빛 축원

긴 시간 형체 없이 떠돌다
내려앉은 자리
옹색한 나무 밑동 일지라도
작은 몸 지탱하며
알뜰히 키워낸 꽃순
간간이 비춰드는 햇살에
온기 가득 담아내던 꿈

멈칫멈칫 엿보듯 스치는 바람에
봄 향기 실어 배웅할 수 있으니
어느 인연인들 소중치 않을까

머뭇거리던 꽃망울마저 아지랑이 인사에
툭툭 말문 열어 답례하는 애틋한 축원

봄빛 수런거림에 사랑 가득 머금은 몸짓
찾아드는 발길에 잔잔한 미소 보탤 수 있으니
이 얼마나 반가운 일인가

봄 속의 이방인

한껏 부풀어 오른 새싹들의
몸단장을 외면하듯
번지수를 잘못 찾은 취객처럼
느닷없이 찾아온 흰 분칠의 이방인이다

시간의 잣대를 거스르듯
눈부시도록 현란한 몸짓으로
세상을 조감한 풍광

봄 속으로 날아든
낯선 눈꽃 출연에
색다른 묘미를 품어 보는 들녘

잠시 양보한 자리
차지하고 앉아
생각의 모니터에
깊이 빠져든 이방인이다

늘 푸르게

하늘의 뜻
헤아리는 낮은 문턱
우듬지 햇살로 다가설 때
삶의 행간 비우는
한 움큼의 미소
손 내밀어
한 자락 행복으로
마주할 수 있다면
기꺼이 등불로 서자

신념 가득한 꿈
상현 길 따라
푸르게 가꿔가는 사랑
맑게 잉태한 오늘
눈부심으로 비추는 거울
영혼의 아름드리 나무
늘 푸르고 푸르게 가꾸자

파도 타기

종일토록 제 몸 부대끼며
널뛰기하듯
하늘 향해 솟구치던 욕망도
거센 바람에 표류하다
포말로 부서져 내린다

홀로 사뿐히
출렁이는 숙연함
심연 깊이 나래치는
삶의 판타지

자유의 춤
자유의 날개를 활짝 핀다

장마

지쳐 쓰러진 슬픔의 잔재구나

더러는 대지에 스며들어
잠식해 버리고
더러는 산화된 그리움으로
시간 끝을 채우더니

아직 채 준비하지 못한
삶의 둔덕까지
침범해 온갖 사연 주워 담아

감당할 수 있을 만큼의
재생 공간은
남겨놓을 줄 알았는데

그 탐욕은 분별 수위를 넘고 말았구나

물안개

새벽 강가에
잠자던 영혼이 홀연히 빠져나와
춤추듯 물 위를 감싸 도는 무아지경
날개 달린 춤사위로
가득 차오르는 유형의 흩날림
고뇌를 털어 내려 애쓰듯 휘청인다

고요한 몸부림 속에
시간과 공간을 가득 메운
잔잔한 기운
희미하게 어우러진
이편과 저편 강의 끝 사이를
다독이듯 순회한다

지친 기색 없이
아침을 말끔히 헹구어 놓고
순례의 길을 떠난다

일몰

바람이 적시고 간
삶의 둥지
빛바랜 허물 감싸 안고
아쉬움으로
내딛던 하루를 갈무리한다

오늘의 어귀에
삶의 본질을 깨우려
의미심장한
화두를 달아놓고
해탈의 경지에 이르는
온화한 해법 찾는다

두꺼운 벽을 넘어
하루의 획을 긋는
삶의 자화상
마침의 중용을 배운다

만추

달그림자 따라
무심코 배회하던 자리
잠시 회전목마에 앉아
상념에 잠겼는데
만산홍엽 이루던 산은
어디로 사라졌을까

한입 벼 문 사과처럼
비대칭으로
동그마니 서 있는 저문 들녘

말없이 지켜보던 새들도
까치발 들고 서서
시간의 무게를 저울질하며
알곡과 쭉정이를 선별한다

갈바람

허상의 길목으로
쉼 없이 접어드는 바람

잔가지 끝에 서성이다
옷깃마저 여미게 해놓고
아무런 내색 없이 사라진다

한 곳에 머물지 못하고
저 홀로 왔다 떠나는 방랑자

제 모습 가린 채
일순간 흔들어 놓고
무심히 스쳐 가는
시작도 끝도 알 수 없는
무색의 움직임이다

가을 자락

햇살의 몸부림에
창공은 야위어 가고
엉거주춤 걸터앉은 바람은
시간을 타고 온다

아무런 준비 없이
보내고 맞이하는 인생처럼
아쉬움은 봇물 터지듯 밀려들고
붉게 물든 노을이 사위어 가듯
아득히 멀 것만 같았던
생의 중반 지점에 서 있다

특별히 고단할 것도
아쉬울 것도 없을
10월의 막바지 풍경과 무엇이 다를까

황금빛을 발하던 은행잎들도
홍조 띤 단풍잎들도
가을 자락을 곱게 장식하려 애쓰다가

결국, 떨어져 부엽토가 된다

다시 싹이 움트는 봄이 오고
또, 여름, 가을, 겨울, 계절은
각인된 빛깔을 띠며
어김없이 우리와 함께 피고 진다

가을빛 동행

설렘의 긴 파장을 둘러싼
감동의 주파수
풀꽃 향기에
젖어 물든 일탈의 시간
반사된 눈빛에
마음이 투영된다

길게 늘어선
가을 풍경 속으로
흩어졌다 모여드는
감성이 되살아난다

정적을 흔들어 깨우듯
환희로 번져가는
삶의 여백 위로
가을빛 살며시 따라 온다

첫눈

삶의 소명 나지막이 가꾸는
비옥의 영토

생의 마디마다 냉엄했던 절제
시간의 경계를 지우듯
유연하게 녹아내리던 시름

온화한 눈빛에
모자람까지 덮어주고
새롭게 다가서는 꿈
내면의 오디세이

우주 신비 가득
축복의 세레나데를 연주한다

고드름

속이 환이 드러난
민낯의 정체

아래로 향한 집념으로
단단하게 늘려가는 몸

햇살의 심술에
한낮을 지탱하지 못하고
가늘어지는 몸

주춤거리다
실체마저 사라지는
마침의 정점을 찍는다

겨울로 가는 길목에서

가을이 지고 있다

그토록 아름답던 날들도
해 기울 듯 계절의 궤도 속으로
한없이 빠져든다

정성 들여 피워낸 꽃잎을 떨어내야
열매를 맺는 나무
통증을 동반하지 않고
어찌 결실의 기쁨만을 논할 수 있을까

한 치 앞도 못 보는 가엾은 인간만이
한결같은 제 욕심만 끌어안고 있을 뿐,
삼라만상의 순환 속에
당당하게 서 있는 나무 뒤편
겨울로 가는 길목에서
아름다운 노을이 진다

〈포천문화원 겨울호〉

겨울 들녘

소리 없이 지켜낸
인내의 계절을 지나
소담스레 키워온 소중한 열매
기꺼이 내어주고 서운한 기색 없이
빈 마음으로 여유 있게 서 있다

황량한 바람만이
빈 나뭇가지 흔들어대며
살아있음을 대변하려
미동조차 없는
들녘의 품을 오간다

가까스로 날아온 새들의 존재마저
희미해져 잊힐 때쯤
흰 눈발 온몸으로 맞이하며
한 계절 보내고 스스럼없이 채워가는
삶의 사유가 깊다

제 4 부

풀잎에 여문 사랑

풀잎에 여문 사랑

열정 가득 담아낸
늘 푸른 생
돌 틈에 자라
제 모습 사뭇 보일 수 없어도
불평 없이 살아간다

뽑히면 뽑힌 채로
짓밟히면 짓밟힌 채로
툭 털고 일어서는 오뚝이
황량한 불모지 속에서도
꿈을 가꾸어 낼 줄 아는 신념信念

바람 소리 귀담아 들어줄 줄 아는
그 자리에 여문 사랑
여치의 보금자리가 되어 주고
땅거미의 그늘이 되어주고
잠자리의 쉼터가 되어 준다

치유의 숲

한 줄기 바람에도
흔들리지 않은 고요

생명의 젖줄로 뿌리 내려
나눠주고 품어주는 평화로운 안식처

발길 닿는 곳마다
은유와 풍요의 물결

변함없이
어우러져 살아가는 모습

생의 모든 것 사르며
수용의 지혜를 구하는 선구자

삶의 생채기마다
새살 돋는 치유의 길

〈가평 유명산 산책로 시화전〉

운악산 포도

잦은 비바람에도 순도 지킨
고집스러운 때깔과 맛
터질 것 같은 탱글탱글한 미소에
듬쑥한 자태
알찬 내실로
우뚝 선 품질을 자랑한다

이슬이 빚어낸 청량함과
사람의 손길이 빚어낸
자타가 공인한 당도 깊은 맛이다

입맛 좇는 사람들의
행복한 미각이 알알이 영근다

호수

상승 곡선 타고 돌던 바람도
잠시 쉬어가는 평화의 순간이다

세상의 조류에
휩쓸리지 않을 청정의 꿈

하늘 눈동자
그대로 옮겨놓은
사철 깊고 푸른 묵언의 사랑이다

비상

높은 이상을 향해
환희로 기지개 켜는 시간
불필요한 먼지를 털어내고
아픔의 조각을 덜어내는 절제

깊이 고뇌하고 다스리는
자아를 깨우는 힘찬 리듬

목표를 향한 끊임없는 전진은
거대한 파도를 넘는 곡예
피안의 세계로 돌입한다

중독

미궁에 빠져
끝내 지우지 못한 얼룩
감추려 애쓸수록
드러나던 그림자다

무디어진 감각 자극하듯
일제히 일어선 세포의 반란
정상 궤도를 이탈하고
한곳으로만 질주한다

어둠의 행성을 표류하다
빈껍데기 속에 들어앉은
초점 잃은 눈동자
위태로운 삶이다

울림

모든 날을 향해
빛발 치던 그날의 함성도
뜨겁게 들끓었던
인내의 순간도
시간의 나이테 따라 원을 그리듯
하나로 이어지는 경건함이다

너른 들녘의 숭고함에
녹음 짙던 사색도
넉넉히 물들어 갈 즈음
삶의 지향은 더욱 숙연해지고
부여받은 혜택 속에
나눠 쓰는 사랑의 달란트
온 생애를 통해 지켜야 할 소명이다

내딛는 걸음마다
녹아내리는 사랑의 향기
나지막이 전해오는
영혼의 울림이다

몽돌 1

어느 골짜기
어느 길을 헤매다
바다의 품에 안착했다

몸부림치던 생은
비바람에 씻겨 견고해지고
파도에 깎여
동그랗게 변화된 모습이다

아픔의 한계를 뛰어넘어선
위대한 탄생
만고풍상萬古風霜 속에
승화된 아름다움이다

몽돌이 되기까지
감내했던 과정은
인간이 초월해야 할 문이다

몽돌 2

얼마나 많은 세월을 겪어야
저토록 단단해질까

생의 갈피마다
묻어난 고난의 흔적
빛이 기울수록
찬란해지는 노을만큼
비워냈으나 꽉 찬
주옥같은 지향

고립의 순간까지
무심히 놓아줬을 수많은 날이
햇빛에 반짝이며 웃는다

양미리

미각의 축에 매달려
입질하는 연한 맛
석쇠 위에 누워
불 고문당하더니
별미로 탄생하였구나

파도에 단련된 육질은
싱그럽고 매끈한 감칠맛
겨울 바다가
통째로 안겨오는구나

새벽 별

쉬지 않고 달려온 자리에
위로하듯 반기는 안식의 빛
온화한 미소로 스미는
사랑의 안배
맑은 고요는
평정을 잉태한 평화의 기도이다

한 치의 오차도 허용할 수 없던
잉여의 바람도
잠시 타협을 배우며
온유로 허물어지는 안도의 쉼

무감각한 리듬을 깨고
다시 찾아든 힘찬 출발 신호
매료된 시선 위로
쏟아져 내리는 사랑의 기류
삶의 여과 속에 깃든
희망의 빛이다

불나방

하루에도 몇 번씩
종횡무진으로 움직인다

제 몸 상하는 줄 모르고
외줄 타기 곡예하며
쏟아 부었던 열정

빛의 한계를 뛰어넘지 못하고
체중에 뒤척이는 정지된 슬픔

유토피아를 꿈꾸기엔
현실의 벽이 너무 높았을까

성형 미인

멀쩡한 얼굴
깎고 세우는 일이 다반사다

절대적 우상을 섬기듯
쌍꺼풀에 오뚝한 코
두툼한 입술
브이라인이 대세
처음 모습 간 곳 없고
성형 틀에 맞춘 모습
개성 없이 닮은꼴이다

자연미는 사라지고
의학 힘에 기대
아름다움을 사는 세상
창조주 무시한 채
병들어가는 영혼
보이는 것에 마음 빼앗긴 사람들
참모습이 그립다

해남 땅끝 마을

산을 감고 춤추는 운무의 물결
아래로 보이는 드넓은 평야
잎 큰 떡갈나무와 어우러져
해남 땅끝 마을에 서다

땅의 입맞춤으로 첫 만남은 시작되었다
예리하리만큼 하늘 향해 우뚝 서 있는 땅끝 탑
땅의 끝자리에 서 있는 것만으로도
위대함이 느껴졌던 자리
거센 바람은 탑을 돌아
이내 바다로 갔다 건너오길 반복
몸까지 휘몰아 갈 위력을 발휘하며
머리카락을 붙들고 놓아 주지 않았다

몸은 땅의 끝에 서 있고
머리카락은 바다 위로 헝클어져 날고
한 발만 내디디면
땅의 끝에서 바다로 내딛는 오묘한 자리
첫 만남의 설렘을 뜨겁게 묻고 돌아온 길이다

밀물과 썰물

어김없이 밀려왔다
휩쓸려 나간 자리
바닥이 앙상하게 드러나게 마련이다

공간을 채우며 출렁였던 바다는
포만감에 충만하더니
이내 쏜살같이 빠져나간다

시간에 등을 보이며
떠나갈 수밖에 없는 운명
망설임 없이 찾아드는 물 때에
숙연해지기도 하련만
갈피를 잡지 못하고 분주하게 헤맨다

서로의 깊이를 알기 전에
하루에도 몇 번씩
비켜 갈 수밖에 없는
밀물과 썰물의 교차점에
언제나 아쉬움만 감돈다

제자리로 돌아가는 시점에서야
안도하는 모습
썰물이 지나간 자리엔
기억의 잔해들만 고스란히 널려 있다

에스프레소

작은 입자들이 모여
누누이 아람을 만들어낸다

용광로에 녹아
걸러진 원액

고통으로 응축된 향기

그만의 빛깔
그 마력에 이끌려
인생의 농도를 조율한다

제 5 부

비 오는 날의 수채화

비 오는 날의 수채화

무엇을 위한 행보이기에
빗길 먼저 열어 놓고
모든 것 잠재우듯 내려놓았는지
새들도 은신처로 숨어들어
날개 접은 한가로운 날이다

안식을 청하며 길게 누운 나무도
머리 풀어 헤치고
여유로 움에 빠져드는 시간이다
갈길 재촉하듯
쏜살같이 달리는 차 소리만
소음처럼 요란하게 들려올 뿐
스피커에서 흘러나오는 노래마저
느린 박자로 타고 도는 오후
뽀얀 입김 서려가며
창문에 그려 본다

비 오는 날의 수채화

마중물 붓기

메마른 정서에
한 줌의 윤활유
닿을 수 없는
심중까지 파고든다

아직 발견하지 못한
잠재력을 끌어내어
이상의 가치로
사용케 하는 저력이다

온몸을 관통시킨
사랑에 에너지
환희로 넘치는
삶의 터닝 포인트다

이별고離別苦

스산하게 부는 바람 속에
여민 가슴 안고
슬피 우는 별 바라기
멀리 흩어져 내리는 유성처럼
길 찾아 헤맨다

사랑과 이별 속에 웃고 울던 날들
가슴 저린 흔적으로 남아
인연의 고리 속에 무너져 내리는
사랑만 서러울 뿐이다

시간의 그림자는 길게 누워 잠을 자는데
아픔 속에 다가오는
그칠 줄 모르는 파도 소리
눈물 마르는 날,
마음도 가벼이 돌아서고
삶이 다하는 날,
이별도 아득히 묻힌다

슬픈 곡조

상심한 바람은
별빛에 누워 잠이 들고
차마 깨우지 못하고 돌아선 발길

다시는 그 무엇으로도
건널 수 없는 강이 되고
턱 울음만 긴 아픔으로 자란다

애써 눈 감은 체념의 가지에
꽃은 피고 지는데
의지는 하루에도 수십 번 꺾이어
이슬로 부서져 내리고

첩첩산중 골이 패여
갈 수 없는 늪이 되고
이승의 메아리만
설움 뿌리고 돌아온다

빛의 파장

쉼 없이 구비 치던
시간의 무게를 덜어내듯
말없이 사라진 설원의 그림자

빗장 열어 스미는 햇살 사이로
상념의 조각들은 하얗게 부서진다

결빙의 순간을 기다리던
강물의 의연함처럼
긴 파장을 박차고 일어나
수평선 향해 활짝 나래 친다

빛의 선율

미동조차 없이
잠잠했던 수면위로
파고드는 빛의 선율

갈길 잃어
유영하던 바람도
제 갈 길 찾아
안위하는 시간

둔탁했던
어둠마저 소멸한
열망의
가지 위에

영혼 살라 빚어낸
맑은 언어
싱그럽게 피어난다

마음의 뜰

추수해야 할 뜰에
알곡 없는 쭉정이만 난무하여
무엇 하나 건질 것이 없구나

오늘을 얻고도
감사할 줄 모르는 아둔함에
욕심만 먼지처럼 쌓였구나

버리고 비우는 것이 어찌 물건뿐이랴
묻어놓았던 감정이나
앙금도 버리고 버려야 하는 것을
자만의 세계에 갇혀
좁은 잣대로
시력마저 잃고
마음마저 창살에 갇혔구나

어제의 관념에서 벗어나
마음의 뜰에 슬기를 담아내자구나

소통의 길

드넓은 세상을 향한
만남의 행보
혼자만의 길이 아닌
너와 나 사이 벽을 허물고
공감하고 나누는 상생의 길이다

삶의 균형을 이뤄가는
이해와 배려의 즐거운 행진
열린 생각 열린 마음
열린 행동으로 엮어가는
관계의 조화
작은 보폭으로
맞춰가는 교감의 향연이다

막힘없는 순간의 쾌감이다

직립의 꿈

유난히 요동치던
격동의 시간을 딛고 일어선 생의 터전에
삶을 승화시킨 전설이 익어간다

지축을 흔들던 요란한 소리에도
흔들리지 않을 직립의 꿈

가고 오는 것에 대한 숙연함으로
순간마다 비워가는
마디 맺는 감동의 파노라마
기쁨으로 응답하는 빛 고운 행보

뿌리 밑동까지 파고드는
고통을 감내하며
생에 부여된
모든 것들을 사랑하리라

겸손의 향기

정성 들여 키워온 열매
고스란히 내어주고
맨몸을 에워싼 눈의 무게마저
덜어내지 못하고
제 살점인 양 끌어안고 서 있는
나무의 후덕함을 바라본다

생의 섭리에 순응하며
의연히 대처하는 모습에서
우리의 지나간 오만을 깨닫게 하고
오늘을 바로 보게 한다

혹함 속에서도 순리를 따르며
시련마저 온전히 받아들이는 묵묵함
작은 움직임 속에서 사랑의 빛을 본다

사랑의 음계

어느새 마음 비집고 들어와
슬며시 불을 놓고
웃음 속에,
발자취 속에 따라 다닙니다

때로는 가눌 수 없을 만큼 절절하게
때로는 하늘 바라보는 시선처럼 공허하게
풋풋한 설렘으로 와서
간절한 소망이 됩니다

작은 불씨로 자라
걷잡을 수 없이 온 삶을 사르고
때로는 기쁨의 줄기로
때로는 지울 수 없는 상처로
삶의 그네를 탑니다

미완의 소리

막바지 푸념을 하려는지
오랜 침묵을 뚫고
흘러나오는 소리
어디론가 금방이라도
튕겨 나갈 스프링처럼
긴장의 연속이다

좀처럼 수그러들지 않던
기억의 잔해들이
의문의 꼬리를 물어
팽팽한 줄다리기 하고
채 거두지 못한 소식
찾아 나설까

잠시 공간의 여유조차
허락하지 않는 저 냉랭함
삐걱대는 저 요란함은
미처 다듬지 못한
미완의 소리일까

무언의 약속

우리 함께 가는 길에
희망의 끈이 자리한 것처럼
결속으로 다져진
소중한 존재가 되리라

혼란 속에서도 서로 격려하며
온기를 나눌 수 있는
햇살 같은 인연이 되리라

정서의 샘에서 퍼 올린
맑은 언어로
삶을 아름답게 헤쳐 나가는
등불 같은 존재로
믿음을 완성해가는
사랑의 다리가 되리라

잃어버린 화두를 찾아

기억 속에서
녹슬지 않은 언어가 다투듯 나온다

부르지 않아도
알싸한 그리움으로 안겨 온다

간간이 흔들리는 시공 사이로
지친 마음 내려놓고
얼기설기 감긴 생을 풀어가듯
기억의 흔적을 따라나선다

먼 곳에 남겨진 유영의 그림자와
잃어버린 화두를 찾아
삶의 모토를 다시 일으켜 세운다

우리 주인공 MBC, 휴먼라디오 우리 방송

경기도 가평에 있는 송어축제장에서 먹거리를 팔고 있는 한 아주머니.

본인을 '미소 공주' 라고 소개하는 귀여운 이 분은 오늘의 주인공 '홍성자' 씨입니다. 축제는 겨울에 잠깐 하는 건데 평소엔 뭘 먹고 사나~ 궁금해 하는 분들이 계신데요. 성자 씨와 남편의 본업은 국도 변에 '휴게소' 라고 써 있는 식당, 국도 휴게소를 운영하는 겁니다.

성자 씨네 부부는 공장도 많고 차도 많은 대도시에 살다가 20년 전 가평으로 왔습니다. 삶의 터전을 옮기는 것이 보통 일이 아닌데, 성자 씨네 부부는 휴가 때 놀러왔다가 맑은 공기와 깨끗한 환경에 반해서 2주 만에 짐을 싸서 이사를 했다고 하는군요. 조그만 시골집에 자리를 잡고 식당을 했는데, 남편은 손재주가 좋아서 간판 주방을 다 직접 꾸몄죠.

나이답지 않게 순수하고 밝은 낭만적인 '홍성자' 아줌마는 가족을 주제로 '시' 를 쓰고요. 아내를 정말 사랑하는 남편은 친구들이 '팔불출' 이라고 놀릴까봐 마누라 자랑을 별로 안 한

답니다. 이런 저런 일들을 겪으며 성자 씨네 가족은 화목하게 잘 살고 있는데요. '속 썩이는 사람 없이 가족 모두 사랑하고 서로 아껴준다' 이게 정말 큰 '복' 이 아닐까요.

홍성자 씨는 사람들이 좋고 그래서 사람들을 보면 미소가 나온답니다. 그리고 그 미소를 제일 사랑해주는 남자, 뜨거운 가슴으로 사랑해주는 남편이 있으니 언제나 웃음 가득한 '미소 공주' 로 살아갈 겁니다.

(박윤경 리포터)

노인 병동의 하루

미흡하나마 누군가를 위해 육신을 움직일 수 있다는 것에 감사하며 노인병동의 하루를 써본다. 간병인 아줌마가 한 할머니를 가리키며 할아버지도 병원에 입원하셨다면서, 자식들이 고생이 많겠다고 혀를 차신다.

할머니!, 다 알아듣고 있다는 듯 눈가에 눈물이 맺힌다.

점심때가 되어 죽을 떠서 한 수저 드렸는데 한참 만에 죽을 넘기신다. 그 틈을 타 옆에 계신 할머니께 죽을 한 수저 떠드리고 있는데 죽을 드시던 할머니께서 어느새 숟가락을 잡고 죽을 입에 넣고 계셨다.

그 광경을 보던 간병인 아줌마가 "남편이 아파서 입원하셨다고 하니."

할머니께서 마음이 급하셨나 보라며, 그동안 도움을 받아야만 식사를 할 수 있었는데 오늘 처음으로 죽을 떠드신 거라며 놀란 듯 수선을 떨며 바라보았다.

할머니께 다가 가 죽 한 숟가락을 떠드리면서, 할머니 많이 드시고 얼른 일어나시라고 하니 고개를 끄덕이며 반응을 보이셨다. 아무리 중환자라 할지라도 말을 조심해서 해야 하고 마지막까지 살아남아 있는 것은 청각이라고, 간병인 아줌마한테 말씀드리니 그제야 간병인 아줌마가 고개를 끄덕이신다.

병실을 돌아다니며 기저귀도 갈아드리고 할머니, 할아버지, 바이탈 체크하며 종종걸음으로 분주한 하루였지만, 자신이 누구인지조차 모르고 정신을 놓아버린 할머니 할아버지를 대하면서 그분들도 젊음이 있었을 것이고, 좋은 날이 있었을 텐데, 어쩌다 치매라는 병에 걸려 가족도 없이 이렇게 계셔야 하나 하는 생각에 마음이 울컥했다.

아직도, 생생하게 떠오르는 환자가 있다. 젊은 나이에 치매를 앓고 있는 여자 분이다. 겉모습을 보면 금방 툭 털고 일어날 것 같은데, 가정에서 엄마 역할, 아내 역할에 한창이어야 하는데, 마음이 아팠다.

생로병사에 예외 될 수 없는 우리 인간이 얼마나 가여운지 참, 허망하게 느껴졌던 노인 병동의 하루 삶에 대한 많은 물음표를 던져본다.

신종 범죄

신학기 소집일이 있을 즈음에는 예방접종 확인 때문에 입학하는 8살짜리 1학년 아이들이 엄마 아빠 손을 잡고 병원이나, 보건소에 방문한다.

그런데 지난해도 올해도 가슴 아픈 일들을 목격하고 듣곤 하게 되는데 그건 다름이 아닌, 이혼한 가정의 아이들이 시골에 계신 할머니 할아버지께 맡겨져, 아이가 예방접종을 했는지 안 했는지, 알 수조차 없다며 할아버지 혹은 할머니 손에 이끌려온 아이들이 작년에 비교해 더 많아졌다는 사실이다.

손자 손녀를 떠맡게 된 할머니 할아버지의 연세는 주로 70세 전후다. 연세가 많으셔서 지병도 있고 귀도 잘 안 들리시는 분도 계시다. 얼마나 속상하신지 가끔은 속내를 보이시며 하소연을 하시곤 한다.

자식들 뒷바라지를 위해 땅을 일구면서 고생인 줄도 모르고 사셨는데 그 자식이 파경을 맞게 되어 그동안 일구시던 땅마저 손해 보면서까지 급매로 팔아 그 돈으로 수습해 주려고 했지만, 100%로 도움이 되지 못했다면서 속을 태우신다. 듣고 있는 제 마음도 답답함을 느끼는데 그분들은 오죽하실까.

지금은 그나마 근력이 있어서 손자 손녀를 챙겨 줄 수 있다지만 힘이 없어지고 죽고 나서는 어떻게 하면 될지 큰 걱정이라고 하시며 한숨을 내쉰다.

그리고 좁은 길을 따라 구부정한 자세로 쉬엄쉬엄 보건소에 약 타러 오시는 할머니를 집까지 모셔다드리면 고맙다고 텃밭에 묻어 놓았던 무를 꺼내 주기도 하신다.

괜찮다고 해도 막무가내로 손에 무를 담은 봉투를 쥐어 주시는 할머니, 이렇게 외롭고 힘들게 사셔도 마음만은 정이 가득하신 분들이다. 그런데 이틀 전 사건을 접하면서 마음이 무겁고 무척 아팠다. 그 할아버지와 할머니는 관절 때문에 지팡이를 짚고 가끔 보건소로 약을 타러 오신다.

두 분은 말동무가 필요한지 말 한마디 건네면 무척 좋아하셨다. 이런 얘기 저런 얘기를 털어놓으시면서 한참 동안 계셨다 가시곤 하셨는데, 군청 직원으로 속여 할아버지를 찾아가 진료비를 내지 않게 혜택을 보게 해주겠다면서 그 할아버지를 모시고 와 그동안 보건소에서 진료 받은 기록을 발급해 달랬던 순하게 보이고 친절하게만 보였던 40대 아줌마에게 진료 받은 기록을 발급해 주었다.

그 후 농협에 할아버지를 모시고 가서 카드를 발급받

아 그동안 아끼며 조금씩 모아 두었던 110만 원을 모조리 빼서 달아난 사건이다.

물론 할아버지는 그동안 보건소에서 진료 받은 진료비는 무료였다. 보건소에 들러서 진료기록을 발급해서 달랬던 것은 할아버지를 믿게 하려는 과정이었던 것이다. 인근 경찰서에서 경찰관들이 보건소로 찾아와 그간의 상황을 상세히 물었고 또, 공중보건의 선생님과 나는 잠깐 있었던 그때 상황에 대해 들려주면서도 너무 어이가 없다는 생각에 믿어지지 않았다.

또, 경찰관이 하시는 말씀이 윗동네에서도 며칠 전 혼자 사시는 할아버지께서 6천만 원이라는 돈을 그렇게 인출당하셨다고 한다. 참, 해도 해도 너무한 게 아닌가.

외롭고 힘들게 살아가시는 순박한 시골 할머니 할아버지를 상대로 벌이는 신종 범행이라니, 이렇게 벌어지는 일들이 어찌 당한 분들의 일이겠는가.

우리 부모님의 일이고 더 나가서는 자기 일일 거라 생각하니 말로 표현할 수 없을 만큼 안타까움이 느껴졌다.

〈여성시대 원고 채택 방송〉

행복은 나로부터

사람들은 물질문명의 고도에 밀려 급속하게 자신의 자리를 잃어가고 있다.

그만큼 일상에서 주는 소소한 행복을 느끼지 못한 채

물질의 잣대 속에 자신을 가두고 남의 성공과 비교하며 자신의 소중함을 알아채지 못하고 있다.

어릴 적 부모님께서 자식을 키우기 위해 밤낮 들일에 파묻혀 헤어나지 못하시고 힘든 역경 속에서도 묵묵히 생활해 오셨다.

먼동이 트기 전 8남매의 끼니를 미리 챙겨 놓으시고 도시락을 싸 들고 일을 나가셨던 부모님을 대신하여 어린 동생들의 끼니와 기저귀 갈아주는 역할은 언니와 둘째인 나의 몫이었던 만큼 초등학교 고학년까지 동생들을 보살펴 주었다.

또, 가을걷이로 바쁠 때 일꾼들의 밥을 챙겨 광주리를 이고 가시는 어머니를 따라 주전자를 들고 논둑길을 걸어갔던 일, 여름방학이면 참외 수박밭을 지키며 동생과 놀다 원두막에서 잠이 들어 결국, 어둠을 뚫고 들려오던 어머니 목소리에 잠에서 깨어 큰길을 놔두고 어머니한테 가장 빨리 갈 수 있는 논두렁을 숨이 차도록 뛰어갔던 일도 있다.

농한기인 겨울 방학 때는 누가 시킨 것도 아닌데 동생과 풍로 앞에 앉아 고구마튀김을 어머니 아버지께 해드렸고 맛있다는 부모님의 칭찬에 더욱더 부모님을 기쁘게 해드려야겠다는 막연한 생각을 했었다. 부모님께서는 일에 치인 내색 없이 언제나 우리를 사랑으로 보듬어 주셨고 온화한 성품으로 부부 금실도 좋으셨던 만큼 유년 시절 우리 집은 활기가 넘치는 웃음꽃 만발한 행복 그 자체였다.

결혼 후 세 아이를 뒷바라지하다 보니 부모님의 크신 사랑을 실감할 수 있었고 지난 유년 시절 넉넉지 않았지만, 부모님 일손을 돕고 형제들과 역할 분담으로 동생들을 돌보며 우애와 정이 돈독했던 행복한 시절을 떠올리며 써낸 원고가 KBS 한국방송 '행복이 가득 한 집' TV 프로에 채택되어 어머님 아버님을 모시고 팔 남매가 TV 출연하여 50분간 방영됐던 잊지 못할 추억의 한 페이지가 됐고 TV 출연 덕에 출연료와 캠코더와 하와이 여행권을 받아 부모님께 기쁨을 선사해 드렸던 일이 생생하다.

무에서 유를 창조하신 부모님 세대와 비교할 수 없을 만큼 편리한 생활 속에서도 세 아이 뒷바라지가 녹녹치 않았지만,

지난날 부모님의 희생적 삶을 본받아 어떤 고난에도 잘 견디며 헤쳐 나갈 수 있었다.

남편과 가게를 운영하며 새벽 5시 기상으로 밤12시 전에는 취침에 들 수 없었고 가게 특성상 365일 가게 문을 열어야 했고, 휴일이면 더욱더 바쁜 틈바구니에서 일손을 거들며 건강하게 제 몫을 다하는 대견한 아이들 모습을 바라보며 자식을 위해 무언가 할 수 있는 일이 있다는 것에 그저 감사할 뿐이었고, 그 시간마저 아까워 알뜰하게 시간을 할애했다.

남편과 바쁜 일상을 헤쳐 가며 서로 격려를 아끼지 않았고 시간을 쪼개 남편은 색소폰, 통기타, 전자기타를 익히고 서각. 인두화를 통해 자신의 재능을 닦았고, 저 또한 드럼 연주를 하며 남편과 틈나는 대로 합주를 하면서 일에 대한 고단함보다 성취감이 주는 즐거움을 만끽하며 남편의 기타 연주에 맞춰 시 낭송 연습을 통해 낭송가로서 실력을 갖추고자 부단히 노력하며 삶에 대한 도전과 열정의 마음을 키워나갔고 작가로서 글쓰기 연마에도 게으르지 않았다.

이처럼 삶 속에서 주는 기쁨과 행복은 자신이 만들어가기에 달려 있다는 것을 알았고 어떤 노력 없이 얻어지는 결과도 없다는 신념으로 끝없이 희망의 삶을 추구했다. 삶의 주인이 되어 자신을 사랑하고 사소한 일에 감사하니 내 삶에 행복해지는 일이 많았다.

9년 동안 운영하던 가게로 한국가스공사 취재팀이 찾아와 일상을 취재해 한국가스공사 사보에 실리는 기쁜 일도 있었다. 분주한 일과 속에서도 남편과 자기 계발을 하며 인생을 즐겁게 살아간다는 일상의 행복한 삶이 수록되었다. 어떤 환경에도 굴하지 않고 자신의 잠재력을 찾아 도전하는 것이 자신에게 해줄 수 있는 유일한 사랑법이었고 자신이 행복해야 남편과 아이들도 행복해질 거라 믿었기에 자신을 가꾸는 일에도 소홀하지 않았다.

지금 청년으로 자란 아이들이 '우리 집은 사랑이 넘치는 행복한 집' 이라고 말한다. 아빠, 엄마처럼 서로 사랑하며 서로 존중하는 분들은 세상에 없을 것이라고 그리고 엄마, 아빠한테 무한한 사랑을 받았기에 부모님께서 줄 수 있는 것은 다 주셨다고 감사하다는 말을 잊지 않았다. 세상에서 엄마, 아빠를 제일 존경한다며 행복하다고 말하는 자식들이 있어 고맙고 세상 부러운 것이 없다.

부모가 자녀에게 줄 수 있는 가장 큰 선물은 부모 스스로 행복해지는 것이라고 한다. 부모가 행복해하는 것만으로도 부모는 자녀의 자존감을 세워줄 수 있다. 자존감 있는 아이가 행복한 성인으로 자랄 것은 당연하고 결국 부모가 정말 해야 하는 것은 자녀를 챙기는 것이 아니라 스스로 행복해지기 위해 나를 먼저 챙기고 나를 사랑해주는 것이다. 내가 나를 챙기지 않으면 아무도 나를 챙기지 않기 때문이다. 자신을 먼저 사랑하는 것이 결국 가족을 사랑하고 이웃을 사랑할 수 있는 것이다. 이렇듯 진정한 행복이란 나로부터 시작되어 가정으로 이어진다.

〈2020년 포천문화원 봄호〉

작품해설

사랑과 그리움이 충만한 즐거움

| 작품해설 |

사랑과 그리움이 충만한 즐거움

— 홍성자 시집 《꿈꾸는 정원》

차윤옥
(시인 · 계간문예 주간)

홍성자 시인은 시낭송대회에서 큰 상을 여러 번 수상한 시낭송가이다. 그런 연유로 시인보다는 시낭송가로 각인되어 있다.

시詩는 언어의 꽃이고, 시낭송은 그 꽃의 열매이다. 요즘은 시낭송이 대세다. 시는 감정의 표현, 운율의 창조, 의도의 전달, 표현의 응축, 개성의 발현이다. 시의 아름다움은 운율에 의해 살아난다. 시의 여러 가지 요소에 음악적 효과를 얹어 정서적 환기를 실현시키고, 고저장단 등의 감정 표현으로 시낭송의 맛을 살려낸다.

홍성자 시인은 라디오나 TV 방송에 글을 써서 보냈다가 채택되어 방송 출연도 수 차례 한 적이 있다. 그렇게 글쓰기를 시작했고, 이제는 시인으로 등단해 시를 쓰고, 시낭송을 하면서 시의 대중화에 적극적으로 활동하고 있다.

이번에 두 번째 시집 《꿈꾸는 정원》을 상재한다. 시낭송을 하면서 좋은 시를 많이 읽고 암송하다 보니 어떤 시가 좋은 시인지 저절로 터득이 되면서 그때 그때 떠오른 시상으로 시를 쓰게 되었다고 한다.

> 언제 보아도 항상 웃는 모습이라며
> 사람들이 지어준 이름이 미소 공주이다
>
> 생활 속에서 일어나는 어려움을
> 미소로 극복하며, 미소와 함께
> 시로 승화시켜 보려는 의지
>
> 공주로 불리는 마음속에 어느 하루인들
> 흔들리지 않은 적 있었으랴
> 그렇게 흔들리며 피워낸 미소
> 한 번 공주는 영원한 공주라며
> 다독이며 불러주는 이름
>
> 삶 속에서 미소 공주라는 말을 듣는 것이
> 싫지만은 않다
> 나는 행복한 미소 공주다
>
> — 〈미소 공주〉 전문

톨스토이는 "친절은 이 세상을 아름답게 만들며 모든 비난을 해결한다. 그리고 얽힌 것을 풀어 헤치고 어려운 일을 수월하게 만들고 암담한 것을 즐거움으로 바꾼다."라고 말했다.

'언제 보아도 항상 웃는 모습이라며 사람들이 지어준 이름이 미소 공주이다' 살다보면 짜증나고 힘든 일이 왜 없으랴. 항상 웃음과 친절로 사람들을 대하다 보니 그 사람들에게 준 유쾌함이 '미소 공주'라는 별명으로 홍성자 시인에게 돌아왔다. 과유불급이라지만 친절한 미소는 지나쳐도 좋다. 아름다운 미소를 보면 세상도 아름다워 보인다. 사람들이 지어준 미소 공주가 부담스럽긴 하지만 '나는 행복한 미소 공주다'라고 시인 스스로도 인정한다.

친절한 배려가 우리를 웃게 한다. 친절한 마음에는 미소가 있고 배려가 있다. 친절한 마음은 긍정적인 마음이고 감사하는 마음이다. 다른 사람에게 친절하고 관대한 것이 자신의 마음에 평화를 유지하는 길이다. 일소일소一笑一少 일노일노一怒一老, 한번 웃으면 한번 젊어지고 한번 화내면 한번 늙는다는 뜻이다. 걱정과 근심은 훌훌 털어내고, 한번 미소를 지을 때마다 한번 더 젊어진다는데….

홍성자 시인은 얼굴만 예쁜 게 아니고 마음씨도 예쁘고 겸손하다. '말없이 제 갈 길로 돌아서는/겸손의 모습/지상에 기쁨만 선사하고/빈 마음으로 돌아서는 아름다움/내 삶의 여정도 꽃 마음이고 싶다'고 권두시에다 예쁜 마음을 표현했다. 모두

에게 기쁨을 나누어 주는 미소는 우리 모두가 배워야 할 덕목이다. 따뜻한 차 한 잔보다 오히려 환한 미소가 더 향기롭다. 활짝 웃는 밝은 미소로 남을 배려하는 친절과 긍정적인 마음, 성실한 태도와 겸손한 자세를 갖춘 미소 공주 홍성자 시인의 밝은 미소가 세상을 아름답게 색칠한다.

꿈꾸는 정원에 사랑이 익어갑니다

진실 속에 피어난 밝은 꽃이 인사하고
길 잃은 철새들이 모여들어 안식을 꿈꾸는 곳
사랑의 샘이 있어 목마르지 않고
사계의 희망이 있어 행복한 곳입니다

불만의 꽃은 금방 시들어 버리고
거짓의 꽃은 자신의 줄기를
상처 내며 갉아 버리고
미움의 꽃은 온기가 모자라
싹이 자라지 못해
꿈꾸는 정원에 초대받지 못합니다

오로지 사랑으로 싹 틔운 꽃이라야
탐스럽게 피어나고
마음 안에 지펴 보는 작은 불씨 하나
꿈꾸는 정원에 사랑이 익어갑니다

—〈꿈꾸는 정원〉 전문

꽃이 없는 삶은 얼마나 황폐하고 쓸쓸할까. 얼마나 초라하고 외로울까. 꽃이 있으면 삭막함은 사라지고 마음이 풍성해 진다. 지역마다 특화된 꽃으로 축제를 여는 곳도 많다. 태안세계튤립공원축제, 곡성세계장미축제, 강화 마니산진달래축제, 하동 북천꽃양귀비축제, 삼척 장미축제, 한강 서래섬유채꽃축제 등, 일일이 열거하기 힘들 정도다. 기억에 오래 남도록 설레는 추억을 만들 수 있는 꽃 행사도 많다. 꽃이 있으면 새로운 문화가 싹트고 사랑이 넘친다.

홍성자 시인의 꿈꾸는 정원에는 진실의 꽃, 사랑의 꽃이 만발했다. 거짓의 꽃, 불만의 꽃, 미움의 꽃은 금방 시들어버리고 초대조차 받지 못한다. 오로지 사랑의 꽃만 피어나고 사랑의 꽃만 익어간다. 꿈꾸는 정원에 초대받으려면 사랑이 충만해야 한다. 새들의 노래를 들으며, 사랑으로 삶의 향기가 만발한, 꿈꾸는 정원에 작은 소망들이 무지개로 피어나 희망을 노래한다. 희망과 사랑을 품은 행복한 날이 되기를 바라는 시인의 결 고운 마음씨가 보인다. 오로지 사랑으로 싹 틔운 꽃들을 만나라고 독자들을 꿈꾸는 정원으로 초대한다.

먼 길 언덕 넘어
길모퉁이까지
스미는 사랑의 꽃

열정을 다해
영혼을 노래하는
싱그러운 꽃

스스로
가치 창조를 위해
삶을 소중히 꽃피워 가는
존귀한 꽃

나는 꽃이다

—〈나는 꽃이다〉 전문

꽃은 우리 삶과 항상 가까이에 있다. 꽃으로 풍요를 느끼고, 정서적으로 안정을 취했다. 꽃반지를 만들기도 하고, 꽃핀을 만들기도 하고, 꽃다발을 만들기도 하면서 친구로 지내왔다. '내가 그의 이름을 불러주기 전에는/ 그는 다만/ 하나의 몸짓에 지나지 않았다/내가 그의 이름을 불러 주었을 때/ 그는 나에게로 와서/꽃이 되었다' 라고 김춘수 시인은 '꽃' 을 노래했다. 김춘수 시인뿐만 아니라, 우리도 꽃에게 이름을 붙여주고 의미를 부여한다. 김춘수 시인의 꽃은 문학적 풀이로 사물의 존재에 알맞게 부여하는 시詩를 의미한다.

김소월 시인은 진달래꽃, 김영랑 시인은 모란꽃, 서정주 시인은 국화꽃, 김동명 시인은 파초, 김남조 시인에게는 달맞이

꽃의 정서가 있다. 홍성자 시인은 스스로 꽃이 되었다. '나는 꽃이다' 라고 선언하고 있다. 세상에 하나밖에 없는 아주 존귀한 꽃이다. 홍성자 시인의 꽃은 과연 무슨 꽃일지 궁금증이 인다. 이 시집을 다 읽고 나면 그 궁금증이 저절로 풀리게 될 것이다.

여린 꽃망울에 앉은
한 점 이슬에
목마름을 채우던 간절함
그윽한 향기에
물속을 들여다 본다

자신을 허물어 버린 채
시간의 여울목 따라 흐르는
행복에 도취한다

속내를 알 수 없는 바람에도
소신을 지키며 피워낸
사랑의 향기가 오롯하다

—〈수선화〉 전문

그리스 로마 신화에 등장했던 미소년 나르시스가 죽어서 피어난 꽃이 바로 수선화이다. 땅 속에서 꽃대가 올라와 흰색이나 노란색 꽃이 피는 수선화는 개나리, 진달래 등과 함께 봄을 알리는 전령사이기도 하다. 꽃은 생명이며 부활이다. 나르시스가 죽어서 수선화가 되었듯이. 또 다른 생명을 창조할 때마다 새로운 꽃으로 환생한다. 꽃은 정신의 창조다. 죽음을 기념하는 아름답고 슬픈 이야기가 꽃으로 태어난다. 우리나라 설화에도 며느리가 시집살이 끝내고 죽으면 꽃으로 피어난다. 할미꽃 이야기, 심청이가 연꽃으로 피어나는 이야기 등은 문학적 소재가 되기도 하고 상상의 나래를 펴기도 한다.

'자신을 허물어 버린 채/시간의 여울목 따라 흐르는/행복에 도취' 한다는 홍성자 시인의 눈에 비친 수선화는 '속내를 알 수 없는 바람에도/ 소신을 지키며 피워낸/사랑의 향기가 오롯' 하다. 홍성자 시인의 삶이 수선화에 투영된 결과다. 사랑의 향기, 그윽한 향기가 온 세상에 퍼진다.

> 오랜 누각에 걸터앉은 남루한 바람의 기척에
> 그대 아닐까 반색하며 옷매무새 가다듬는다
>
> 해맑은 얼굴로 올려다보는 부질없는 생
> 애처롭게 내려다보는 달빛은
> 침묵 속에 피워낸 꽃송이마다
> 붉게 서린 그대 향한 그리움에 젖는다
>
> 목만 길게 빼고 서서 그 자리를 지켜내던
> 사랑으로 건져 올린 꽃대

긴긴 밤 별빛 마주하며
그대 기다리다 피워낸 존귀한 사랑이다

—〈능소화〉 전문

꽃은 삶이다. 꽃은 보기만 해도 마음을 행복하게 해 준다. 행복이며, 명예이며, 영광이다. 홍성자 시인은 '그토록 황홀했던 날들도/한순간 물거품처럼/사그라지고' 라고 표현했지만 꽃이 진 다음에 맺는 열매는 사랑의 결실이다. 새 생명의 잉태이자 탄생이다. 지고 나면 다시 피는 것이 꽃이다.

'애처롭게 내려다보는 달빛은' 천상에서 지상으로 비친다. 그저 바라볼 뿐이다. 지상에 있는 꽃은 만질 수도 있고, 향기를 맡을 수도 있어, 직접 접촉할 수 있는 대상이다. 사랑의 원천은 그리움이다. 그리움의 대상과 합일을 꿈꾸는 열망이다. 그대와 나는 헤어져 있지만 언젠가는 서로 만나기를 희망하는 에너지이다. 강력한 에너지로 '그대 기다리다 피워낸 존귀한 사랑'이 바로 홍성자 시인의 능소화이다. 참고 인내하고 기다리는 시인의 절절함이 시에 그대로 젖어 있다. 홍성자 시인의 사랑과 그리움의 정서를 시의 미학적 승화로 독자의 공감과 감동을 안겨준다. 능소화를 통한 정서와 의지가 잘 표현되었다.

우리는 눈앞에 보이는 실체에 대해 모든 것을 알게 되는 것은 아니다. 오히려 눈앞에서 보면서도 하나도 모를 수 있다. 세상을 탐구하면서 눈앞에 두고도 보지 못하는 세상을 열어주는 시가 있어 행복하다. 시는 맨눈의 관찰을 통해, 상상을 통해 우리 앞의 세상을 전혀 다른 모습으로 전개한다. 시인의 삶은 힘겹다. 이 세상을 살아가는 것이 쉽지 않다. 그런데도 잘 살아남는다. 그 힘은 시집 속에 여러 예가 있다. 홍성자 시인의 《꿈꾸는 정원》에는 꽃 마당이 활짝 펼쳐진다. 산나리꽃, 목련, 해바라기, 복수초, 동백꽃, 옥잠화 등 봄, 여름, 가을, 겨울 없이 온통 꽃밭이다. 꽃을 싫어할 사람이 있을까. 홍성자 시인에게 꽃은 사랑이며 희망이며 그리움이다. 시인의 눈에 비치는 꽃에 삶의 힘겨움이 투영되기도 한다. 그러면서 꽃으로 호흡하기도 한다. 꽃들의 존재감이 꿈꾸는 정원을 가꾸고 있다. 수선화가 꽃을 피워 봄을 불러오고, 옥잠화가 여름을 불러오고, 해바라기가 가을을 불러오고, 복수초가 환하게 피어 겨울을 장식한다. 그렇게 정원이 건축될 때, 꽃을 호흡하며 사계절을 견디며 세상을 살아간다.

> 어머니 숨결이 흐르는
> 내 고향 들녘으로 돌아가리라
>
> 세파에 지친 마음 곱게 다듬어
> 쪽빛 물결 넘실대는 넓은 강가
> 별빛이 흐르는 고향의 언덕으로
> 나 이제 돌아가리라

부엉이 소리를 들으며
모여 살던 정 많은 오두막집
검은 고무신 신고 청보리 밟으며
노래를 부르던 옛 친구들
고향의 쉼터로 돌아가리라

고구마 한 소쿠리 동치미 한 그릇에
세상 부러울 것 없던 그 시절
옛이야기가 묻어 있는 내 고향 뜰 안으로
작은 숲속 오솔길을 따라
나 이제 돌아가리라

—〈귀향〉 전문

고향은 어머니의 품안이다. 홍성자 시인의 고향은 충남 아산이다. '부엉이 소리를 들으며/모여 살던 정 많은 오두막집/검은 고무신 신고 청보리 밟으며/노래를 부르던 옛 친구들/고향의 쉼터' 로 돌아가고 싶은 마음이다.

멕시코 노벨문학상 수상 시인 옥타비아 파스(1914~1998) 는 시론집 〈활과 리라〉에서 "시는 경험이며 느낌이고 감정이며 직관이고 방향성이 없는 사유이다. 시는 우연의 소산이자 계산된 결과물이다. 시는 규칙에 복종하며 동시에 다른 규칙들을 창조한다. 시는 광기이며 황홀경이고 로고스이다. 시는 어린 시절로 돌아가는 것이며 성교이고 낙원과 지옥 그리고 연옥에 대한 향수이다. 시는 놀이이고 노동이며 금욕적 행위이다. 시는 고백이며 아날로지다. 시는 민중의 목소리이자 선민選民의 언어이고 고독한 자의 말이다. 시편은 세상의 음악이 울리는 소라고둥이고 시편의 운율과 각운은 전체적인 조화의 상응이자 울림이다. 천의 얼굴로 나타나지만 결국 시편은 인간의 모든 작위의 헛된 위대함에 대한 아름다운 증거를 숨기고 있는 가면일 뿐이다."라고 서양의 시학을 종합해 표현했다.

유년 시절의 경험이 하나 둘 떠오르며 그 시절로 돌아가고 싶은 생각이 든다. 시는 역시 경험의 결과물이다.

말없이 고개 숙인
침묵의 세월
수액처럼
뼈마디를 채우시고

애지중지 조바심 태운 사랑
밤새는 줄 모르고
무사안일 기원하며
잔기침에 고난을 잠재운다

비바람에 헝클어진 머리
실 가닥처럼 삭아져

형체 없이 침전되지만
사랑 안고 뒹군 세월은
마르지 않는 강물이다

나의 바다는 어머니다

—〈어머니〉 전문

아버지는 어스름한 새벽
빈 지게 위에 호미 삼태기
연장을 얹어 짊어지고 일터로 나가
들 일에 파묻혀 끼니도 제 때 못 드시고
온종일 일과 씨름하셨다
고만고만한 자식들 헐벗지 않게 하려고
좀 더 잘 가르치려고 구슬땀 흘리시며
무던히도 참아내신 고난의 세월
어두운 밤, 달빛을 밟으며
지게보다 높게 채워진 짐을 짊어지셨다

그때는 철없이 응석 부리고 뛰노는 것밖에 몰라
팔에 매달리고 무릎에 앉아
귀찮게 하는 자식들에게
그저 웃기만 하셨던 아버지

아버지의 등지게는 쉴 사이 없이
양식과 희망을 나르던 생의 끈이었다

―〈아버지의 등지게〉 전문

시는 가장 오래된 문학 장르이다. 오래되면 빛나는 작품들을 많이 갖게 된다. 빛나는 작품은 소중하다. 부모님 은혜의 존재로 노래하면서 좋은 작품을 남기면 그것은 시의 성과가 된다. 부모님은 이 세상에서 가장 존귀한 존재이다. 부모님은 생명의 근원이며 생명탐구의 시발점이다. 생명을 주셨고 길러주신 부모님의 은혜는 한없다. 효도는 인간이라면 누구라도 예외 없이 실천해야 할 가장 기본적인 삶의 덕목이다.

세월 앞에 장사 없다고 한다. 부모님에 대한 연민과 비애는 바로 미래의 내 모습일 수 있다. 어머니를 통해 인생은 자아에 닿는다. 아버지는 '양식과 희망을 나르던 생의 끈' 이다. 홍성자 시인은 부모님에 대한 이해를 담담하게 서사적으로 진술하고 있다. 어머니를 생각하며, 아버지의 등지게를 떠올리며 인생의 역정 속에 승화시킨다. 부모님의 사랑과 그리움으로 전이된 홍성자 시인의 마음이 절절하다.

드넓은 세상을 향한
만남의 행보
혼자만의 길이 아닌

너와 나 사이 벽을 허물고
공감하고 나누는 상생의 길이다

삶의 균형을 이뤄가는
이해와 배려의 즐거운 행진
열린 생각 열린 마음
열린 행동으로 엮어가는
관계의 조화
작은 보폭으로
맞춰가는 교감의 향연이다

막힘없는 순간의 쾌감이다

—〈소통의 길〉 전문

최근에 가장 많이 사용하는 단어가 소통疏通이다. 개인은 개인 간, 기성세대와 젊은 세대 간, 정치권에서는 국민과의 소통을 중요시 여긴다. 소통은 물 흐르듯이 탁 트인 마음으로 서로 막힘없이 잘 통하자는 뜻이다. 마음을 열고 서로 교감을 이루며 살아야 진정한 소통이 이루어진다. 상생의 길은 '혼자만의 길이 아닌/너와 나 사이 벽을 허물고/공감하고 나누는 상생의 길' 이다.

인간은 사회적 동물이다. 학교, 회사, 단체, 친구 등과 관계를 맺으며 살아간다. 개인으로 존재하지만 타인과 엮이고, 사회와 관계하면서 성장해 나간다. 무슨 거대한 철학적 담론이 아니라, 사회를 떠나 혼자 살 수 없게 지연이든 학연이든 인연을 맺으면서 살아간다.

요즘은 카카오톡, 페이스북, 블로그나 카페 등 SNS로 세상과 소통하고 공감하는 장은 넓다. 그럴 때일수록 세심하게 '열린 생각 열린 마음/열린 행동으로 엮어가는/관계의 조화' 를 위해 '작은 보폭으로/맞춰가는 교감의 향연' 으로 남을 배려하는 좋은 소통과 공감이 필요하다. 다원화 된 세상에서 타인과 소통하면서 사회적 감동으로 증폭되지 못하면, 스스로 고립을 자초하게 된다. 막힘없는 순간의 쾌감이 바로 소통의 길이다.

"우리가 좋은 시 한 편을 읽었을 때 느끼는 감정, 높은 파도처럼 분출하여 직선적 시간이 쌓아놓은 둑을 붕괴시키는 그 충만했던 감정은 독자들의 삶을 통해 여전히 생생하게 간직된다. 시편은 순수한 시간에 도달하는 통로이며 실존의 생명수에의 잠항이다. 시는 끊임없이 창조하는 리듬 이외에 그 어떤 것도 아니다." 라고 한 옥타비아 파스의 말로 마무리한다.

이제 새로운 마침표를 하나 찍었다. 이번 시집에서 거둔 미학적 성과에 응원을 보낸다. 뒤늦게 출발했으니 다시 충전해서 세 번째, 네 번째 시집이 탄생하길 바란다. 홍성자 시인의 문운을 기원한다.

꿈꾸는 정원 / 홍성자

People Story1
38선휴게소 홍성자 · 김창운 부부
역사가 깊은 휴게소라 '추억'을 되짚으러 오시는
손님들이 많아요. 단지 밥만 먹는 곳이 아니라, 마음도
나누고 노래도 부르면서 힘을 얻고 가는 곳이길
바랍니다. 휴게소를 운영하면서 저는 시인이 됐고
남편은 공예가가 됐어요. 삶에서 예술이 피어납니다.

한국가스공사 사보에

군산 철길마을에서(교복체험)

포천문화원 축시 낭송 후 딸과 함께

2017 대한민국 한류의 멋 제6회 충효 우리 얼 한복 풍류대회 주한 외교사절과 함께 충효상(성인부)

포천문화원 주최 가족시 낭송대회 (남편과 함께)

포천문화원 가족 시낭송대회 대상 수상

한국문학발전포럼 제3회 전국시낭송대회 동상 수상

한국문학낭송가회 제8회 전국시낭송대회 금상 수상

문화가 있는 날 초대
(백미현의 난 바람 넌 눈물, 조정현 그 아픔까지 사랑할 거야)

(사)사진작가협회 가평지부 출범식 시 낭송 사진
(박헌정 작가)

2017 포천 예술인의 어울 마당 시 낭송 (사진: 유예숙 작가)

제16회 포천사랑백일장 · 제9회 포천병영백일장 시상식 시낭송

2018 포천문화원 문화인의 밤 축시 낭송
(사진: 한여울 권순 작가)

2018 포천문화원 예술인의 어울마당 축시 낭송
(사진: 한여울 권순 작가)

가평 예술제 축시 낭송 (사진: 박헌정 작가)

가평예총행사 시화전 (사진; 박헌정 작가)

2016 포천 예술인의 어울 마당 시 낭송

2019 포천 예술인의 어울 마당 시 낭송

포천 예술인의 어울 마당 시 낭송 전
(사진: 유예숙 작가)

포천 문화원 가족시낭송대회 축시 낭송

2019 지리산 문학관

여행 중 민속촌에서

포천 허브 아일랜드

포천 문화원 가족시낭송대회 낭송 심사

드럼 연주

남편 작품(인두화, 서각, 공예)

가평 화학산(사진: 박헌정 작가)

2019 포천사랑 백일장 및 병영백일장 시상식 시 낭송

한국문학낭송플러스 시낭송

가평화학산(사진: 박헌정 작가)

계간문예시인선 156

홍성자 시집 _ 꿈꾸는 정원

초판 인쇄 2020년 6월 10일
초판 발행 2020년 6월 15일

지 은 이 홍성자
회 장 서정환
발 행 인 정종명
편집주간 차윤옥

펴낸곳 도서출판 계간문예
편집부 03132 서울 종로구 삼일대로 30길 21 종로오피스텔 1209호
주소 03132 서울 종로구 삼일대로 32길 36 운현신화타워 305호
전화 02-3675-5633 팩스 02-766-4052
인쇄 54991 전북 전주시 완산구 공북1길 16, 신아출판사
이메일 munin5633@naver.com
등록 2005년 3월 9일 제300-2005-34호
ISBN 978-89-6554-220-9 04810
ISBN 978-89-6554-118-9 (세트)

값 10,000원

잘못 만들어진 책은 바꾸어 드립니다.

이 도서의 국립중앙도서관 출판예정도서목록(CIP)은 서지정보유통지원시스템 홈페이지(http://seoji.nl.go.kr)와 국가자료공동목록시스템(http://www.nl.go.kr/kolisnet)에서 이용하실 수 있습니다. (CIP제어번호: CIP2020021910)

이 책은 2020년 포천시문화예술발전기금 일부를 지원받아 발간되었습니다.